TABLEAUX
MODERNES

CATALOGUE

DE

TABLEAUX MODERNES

PAR

ANASTASI, BAKOLOWIEZ, BARON, BERNE-BELLECOUR,
LEWIS BROWN, CHAIGNEAU, CHAVET, COROT, COURBET, DAUBIGNY,
DIAZ, GAUDEFROY, GONZALEZ, ISABEY, JACQUE, JACQUET, JONGKIND,
JOURDAN, E. LEROUX, MURATON, DE NITTIS, PALIZZI, PASINI,
RIBOT, RICHTER, TH. ROUSSEAU, PH. ROUSSEAU,
SAUZAY, SCHENCK, TROYON, ZIEM, ETC., ETC.

DONT LA VENTE AURA LIEU

HOTEL DROUOT, SALLE N° 1

Le Jeudi 6 Avril 1882,

A DEUX HEURES

COMMISSAIRE-PRISEUR

Me PAUL CHEVALLIER, Succr de Me CHARLES PILLET

10, RUE DE LA GRANGE-BATELIÈRE, 10.

EXPERT : M. E. FÉRAL, 54, faubourg Montmartre

Chez lesquels se trouve le présent Catalogue

EXPOSITION PUBLIQUE : le Mercredi 5 Avril 1882,

De une heure à cinq heures.

CONDITIONS DE LA VENTE

Elle sera faite au comptant.

Les adjudicataires payeront *cinq pour cent* en sus des enchères.

Paris. — Typ. Pillet et Dumoulin, 5, rue des Grands-Augustins.

DÉSIGNATION

TABLEAUX MODERNES

ANASTASI (AUG.)

1 — Ancienne machine de Marly.

Soleil couchant.
Vente Anastasi, 1873.

Toile. — Haut., 19 cent.; larg., 33 cent.

ANASTASI (AUG.)

2 — Bords de la Seine.

Maisons Laffitte.
Vente Anastasi 1873.

Carton. — Haut., 20 cent.; larg., 32 cent.

ANGUIN (L.-A.)

3 — Le sentier de la Dune, à Arcachon (Matinée d'Eté.)

Signé.

Toile. — Haut., 30 cent.; larg., 32 cent.

BAKALOWIEZ

4 — Coquetterie.

Bois. — Haut., 55 cent.; larg., 31 cent.

BARILLOT

5 — Chiens et Gibiers.

Toile. — Haut., 92 cent.; larg., 1 m. 17 cent.

BARILLOT

6 — Chien blanc et Gibier.

Toile. — Haut., 92 cent.; larg., 1 m. 17 cent.

BARILLOT

7 — Vache dans un champ.

Toile. — Haut., 42 cent.; larg., 68 cent.

BARON (H.)

8 — Une légende de Boccace.

Signé.

Bois. — Haut., 24 cent.; larg., 31 cent.

BELLANGER (GEORGES)

9 — Fleurs et livres, sur une table à jeux.

Signé.

Toile. — Haut., 46 cent.; larg., 64 cent

BERNE BELLECOUR

10 — Sentinelle avancée dans les neiges.

Signé et daté, 1875.

Bois. — Haut., 12 cent.; larg., 20 cent.

BERNE BELLECOUR

11 — Marin au siège de Paris.

Haut., 20 cent.; larg., 12 cent.

BEYLE

12 — Les Premières notes.

Toile. — Haut., 65 cent.; larg., 50 cent.

BEYLE

13 — Retour au château.

Toile. — Haut., 65 cent.; larg., 50 cent.

BROWN (JOHN-LEWIS)

14 — Une Reconnaïssance.

Signé.

Bois. — Haut., 15 cent.; larg., 12 cent.

BUTIN (ULYSSE)

15 — Femme de pêcheur.

Toile. — Haut., 66 cent.; larg., 46 cent.

CHAIGNEAU (FERDINAND)

16 — Brebis et son petit.

Signé.

Bois. — Haut., 15 cent.; larg., 20 cent.

CHAIGNEAU (F.)

17 — Moutons dans un enclos.

Vue prise à Barbizon.
Signé.

Bois. — Haut., 15 cent.; larg., 20 cent.

CHAIGNEAU (F.)

18 — Moutons dans la plaine, à Barbizon.

Signé,

Bois. — Haut., 25 cent.; larg., 30 cent.

CHAVET (VICTOR)

19 — La partie de campagne.

Toile. — Haut., 24 cent.; larg., 32 cent.

CHAVET (V.)

20 — L'Amateur et l'artiste.

Toile. — Haut., 22 cent.; larg., 15 cent.

CLAUDE

21 — Asperges, artichauts et chaudron en cuivre rouge.

Toile. — Haut., 1 mètre; larg., 1 m. 33 cent.

COOSEMANS (J.)

22 — Vol de corbeaux, sur des marais (en Hollande).

Effet de soleil couchant.
Signé.

Bois. — Haut., 21 cent.; larg., 32 cent.

CORNET

23 — Visite au Louvre.

Toile. — Haut., 32 cent.; larg., 26 cent.

CORNET

24 — Leçon de peinture.

Toile. — Haut., 32 cent.; larg., 26 cent.

COROT

25 — Paysage montueux et accidenté.

Au centre, trois personnages.
Signé.

Toile. — Haut., 37 cent.; larg., 60 cent.

COROT

26 — Vue des aqueducs.

Campagne de Rome.
Belle étude, provenant de la vente après le décès de Corot, nº 344 du Catalogue.

Toile. — Haut., 23 cent.; larg., 44 cent.

COUDERC (ALEXANDRE)

27 — Fruits.

Toile. — Haut., 40 cent.; larg., 28 cent.

COURBET (GUSTAVE)

28 — Lac, en Savoie.

Signé.

Toile. — Haut., 47 cent., larg., 62 cent.

COURBET (G.)

29 — Les Roches Noires.

Plage de Trouville.

Toile. — Haut., 42 cent.; larg., 64 cent.

COURBET (G.)

30 — Rocher d'Etretat.

Signé.

Toile. — Haut., 31 cent., larg., 40 cent.

DAUBIGNY

31 — Le Chemin de la ferme.

Soleil couchant.
Esquisse.

Toile. — Haut., 70 cent.; larg., 98 cent.

DECAMPS

32 — Vue prise en Orient.

Sépia gouachée.

Haut., 29 cent.; larg., 43 cent.

DECAMPS (attribué à)

33 — Chasseurs rentrant au logis.

Toile. — Haut., 45 cent.; larg., 36 cent.

DECAMPS (attribué à)

34 — Mendiants espagnols.

Toile. — Haut., 31 cent.; larg., 23 cent.

DEFAUX (A.)

35 — La ferme Nacis.

Signé et daté 1875.

Toile. — Haut., 67 cent.; larg., 1 mètre.

DEFAUX (A.)

36 — Porcherie.

Toile. — Haut., 40 cent.; larg., 65 cent.

DEFAUX (A.)

37 — Poules près d'une auge.

Signé.

Toile. — Haut., 18 cent.; larg., 24 cent.

DEFAUX (A.)

38 — Le Poulailler.

Toile. — Haut., 31 cent.; larg., 23 cent.

DEFAUX (A.)

39 — Arbres et rochers.

Forêt de Fontainebleau.

Toile. — Haut., 50 cent.; larg., 30 cent.

DEJONGHE (GUSTAVE.)

40 — Une Almée.

Signé.

Bois. — Haut., 63 cent.; larg., 50 cent.

DELAUNAY (J.)

41 — On ne badine pas avec l'amour.

DIAZ (N.)

42 — Clairière dans la forêt.

Signé.

Bois. — Haut., 18 cent.; larg., 24 cent.

FRÈRE (CHARLES).

43 — Le Coup de main.

Toile. — Haut., 41 cent.; larg., 33 cent.

FRÈRE (CH.)

44 — L'Ane au ruisseau.

Toile. — Haut., 41 cent., larg., 33 cent.

GAUDEFROY

45 — La Chanson du pays.

Toile. — Haut., 75 cent., larg., 93 cent.

**

GAUDEFROY

46 — La Recit du chasseur.

Toile. — Haut., 75 cent., larg., 93 cent.

GAUDEFROY

47 — Chasseur sous bois.

Toile. — Haut., 35 cent., larg., 50 cent.

GAUDEFROY

48 — Chasseur à la caille.

Toile. — Haut., 35 cent., larg., 50 cent.

GAUDEFROY

49 — Un coup double. Sujet de chasse.

Toile. — Haut., 35 cent., larg., 50 cent.

GAUDEFROY

50 — Chasseur en plaine.

Toile. — Haut., 35 cent., larg., 50 cent.

GAUDEFROY

51 — Chasse gardée.

Toile. — Haut., 1 mètre, larg., 77 cent.

GAUDEFROY

52 — Le Repos du chasseur.

Toile. — Haut., 1 mètre; larg., 77 cent.

GONZALEZ (JUAN AL.)

(DEUX PENDANTS)

53 — Le Joueur de mandoline.

Une Cantatrice.

Bois. — Haut., 23 cent., larg., 17 cent.

GUINDON (M.)

54 — La Femme colosse, aux Batignolles.

Signé.

Toile. — Haut., 28 cent., larg., 41 cent.

HAQUETTE (G.)

55 — Pêches et figues.

Toile. — Haut., 31 cent., larg., 39 cent.

HAQUETTE

(DEUX PENDANTS,

56 — Le Père Masure et la mère Troude.

Souvenir du Pollet.

Toiles. — Haut., 60 cent., larg., 40 cent.

HÉREAU (JULES)

57 — Cour de ferme.

Signé.

Toile. — Haut., 32 cent.; larg., 24 cent.

HEREAU (JULES)

58 — Plage avec laveuses.

Toile. — Haut., 14 cent.; larg., 15 cent.

HERPIN

59 — Vue de Paris, le soir.

Signé.

Réduction du tableau qui est au Musée du Luxembourg.

Bois. — Haut., 42 cent.; larg., 69 cent.

ISABEY (EUGÈNE)

60 — Marine.

Toile. — Haut., 21 cent.; larg., 37 cent.

JACQUE (CHARLES)

61 — Canards dans une basse-cour.

Signé.

Bois. — Haut., 8 cent.; larg. 10 cent.

JACQUE (CH.)

62 — Un Coin de basse-cour.

Signé.
Vente Lambinet.

Bois. — Haut., 12 cent., larg., 20 cent.

JACQUE (CH.)

63 — Le Retour à l'étable.

Soleil couchant.

Bois. — Haut., 16 cent., larg., 21 cent.

JACQUET

64 — Un Page.

Signé.

Bois. — Haut., 32 cent.; larg., 24 cent.

JONGKIND

65 — Un Moulin à vent, en Hollande.

Effet de soleil couchant.
Signé et daté 1855.
Galerie Gsell.

Toile. — Haut., 58 cent.; larg., 40 cent.

JOURDAN

66 — La Berceuse.

Toile. — Haut., 1 m. 20 cent.; larg., 90 cent.

JOURDAN

67 — La Mère et l'enfant.

Toile. — Haut., 1 m. 20 cent.; larg., 90 cent.

LE ROUX (EUGÈNE)

68 — Un Buveur.

Toile. — Haut., 23 cent.; larg., 16 cent.

LEYENDECKER (MATHIEU)

69 — Natures mortes.

Signé.

Toile. — Haut., 43 cent.; larg., 26 cent.

MIRALLES DARMAIN

70 — Cour d'auberge, et Cavalier causant.

Toile. — Haut., 15 cent.; larg., 10 cent.

MURATON (Mlle EUPHÉMIE)

71 — Abricots et amandes vertes.

Toile. — Haut., 36 cent., larg., 52 cent.

MURATON (A.)

72 — Jeune Fille blonde.

Toile. — Haut., 70 cent., larg., 56 cent.

NAZON (H.)

73 — Peupliers au bord d'une rivière.

Soleil couchant.
Signé.

Toile. — Haut., 1 m. 35 cent.; larg., 1 m. 05 cent.

NITTIS (TH. DE)

74 — Au bord du lac du bois de Boulogne.

Signé.

Bois. — Haut., 8 cent. 1/2; larg., 7 cent.

OUVRIÉ (JUSTIN)

75 — Les bords du Rhin.

Signé et daté 1870.

Bois. — Haut., 19 cent.; larg., 27 cent.

PALIZZI (GUISEPPE)

76 — Le Passage difficile.

Effet de neige.

Toile. — Haut., 65 cent.; larg., 53 cent.

PALIZZI (G.)

77 — Voyage en compagnie.

Effet de neige.

Bois. — Haut., 30 cent.; larg., 2 cent.

PALIZZI (G.)

78 — La Petite bergère.

Signé.

Toile. — Haut., 26 cent.; larg., 20 cent.

PASINI (ALBERT)

79 — Laitier, à Constantinople.

Signé et daté 1875.

Toile. — Haut., 21 cent.; larg., 15 cent.

RIBOT

80 — Le Coupeur de raisins.

Signé.
Tableau gravé par Masson.

Toile. — Haut., 1 mètre; larg., 85 cent.

81 — Une planche gravée, d'après le numéro précédent.

RIBOT

82 — La Petite laitière.

Toile. — Haut., 46 cent.; larg., 37 cent.

RICHTER (Édouard)

83 — L'Arrivée du modèle.

Signé et daté 1872.

Toile. — Haut., 50 cent.; larg., 33 cent.

ROUSSEAU (Théodore)

84 — Un Moulin dans les Vosges.

Très belle étude, de la première manière du maître, provenant de la vente après son décès.

Toile. — Haut., 17 cent.; larg., 26 cent.

ROUSSEAU (Th.)

85 — Village normand.

Belle étude, de la première manière du maître.

Toile. — Haut., 20 cent.; larg., 42 cent.

ROUSSEAU (attribué à TH.)

86 — Paysage avec cours d'eau.

Étude.

Bois. — Haut., 16 cent.; larg., 28 cent.

ROUSSEAU (PHILIPPE)

87 — Fruits sur un plat en argent posé sur une table.

Devant une fenêtre, un ara sur son perchoir.

Bois. — Haut., 32 cent.; larg., 24 cent.

SALMSON (HUGO)

88 — Une Tête de femme.

Toile. — Haut., 32 cent.; larg., 26 cent.

SAUZAY (ADRIEN)

89 — La Seine, des hauteurs de Freneuse (Normandie).

Salon de 1875. — N° 1811.

Toile. — Haut., 1 m. 20 cent.; larg., 1 m. 98 cent.

SCHENCK (A.-F.-A.)

90 — Remise de chevreuils, au soleil couchant.

Effet de neige.
Signé.

Bois. — Haut., 40 cent.; larg., 80 cent.

SERGENT (LUCIEN-PIERRE)

91 — Marins défendant une redoute (Siège de Paris).

Toile. — Haut., 1 mètre; larg., 80 cent.

SERGENT (L.-P.)

92 — Artillerie se portant en avant.

Toile. — Haut., 63 cent.; larg., 78 cent.

SISTERE (DE)

93 — La Demande en mariage.

Toile. — Haut., 48 cent.; larg., 60 cent.

TROYON

94 — Le Moulin.

Au premier plan, des laveuses; sur la droite, des villageois dans un bateau.
Signé.

Toile. — Haut., 55 cent.; larg., 45 cent.

VERNON (PAUL)

95 — Enfants et chiens en forêt.

Bois. — Haut., 31 cent.; larg., 40 cent.

VIDAL

96 — Jeune Marocain examinant ses premières armes.

Toile. — Haut., 80 cent.; larg., 64 cent.

ZIEM

97 — Les Ondines au soleil couchant.

Toile. — Haut., 40 cent.; larg., 62 cent.

DESSINS ET AQUARELLES

AMADO

98 — Le Musicien.

Aquarelle signée.

Haut., 24 cent.; larg., 16 cent.

OUVRIE (JUSTIN)

99 — Les Bords du Rhin.

Aquarelle.

Haut., 10 cent.; larg., 15 cent.

ZIEM

100 — Port de Mer.

Dessin au crayon noir, rehaussé de blanc.

Haut., 17 cent.; larg., 23 cent.

www.ingramcontent.com/pod-product-compliance
Ingram Content Group UK Ltd.
Pitfield, Milton Keynes, MK11 3LW, UK
UKHW032030260826
14628UKWH00006B/2854

9 782329 510835